Jürgen Unbekannt
Urknall – wer hat geknallt?

Oskar Unbekannt
Schnappschüsse

AF188291

Jürgen Unbekannt

Urknall – wer hat geknallt?

Oskar Unbekannt

Schnappschüsse

Heiter Gereimtes
um christliches Leben und christliche Gemeinde

Illustrationen Theresa Hartung

Bibliografische Information der Deutschen Nationalbibliothek:
Die Deutsche Nationalbibliothek verzeichnet diese Publikation
in der Deutschen Nationalbibliografie, detaillierte bibliografische
Daten sind im Internet über htp://dnb.dnb.de abrufbar.

Herstellung und Verlag:
BoD – Books on Demand, Norderstedt

ISBN: 978-3-7448-9425-8

Inhaltsverzeichnis

Jürgen Unbekannt

Urknall –
wer hat geknallt ?

Menschlich – christliches
heiter betrachtet

Urknall -
wer hat geknallt ?

Das All entstand aus einem Knall,
damit erledigt sich der Fall.

Sieh aber an und sage ehrlich,
es kann nach deinem Denken eben
weder die Welt, noch Leben geben;
das ganze Sein bleibt unerklärlich!

Wie, lieber Freund, wie soll das gehen,
aus Nichts wird immer Nichts entstehen, -
und doch besteht der Sachverhalt.
Da fragt man sich: … wer hat geknallt?

Pottwal

Ein Fall von Evolution

Es mag der Pottwal, groß an Maßen,
in Länge zwanzig Meter fassen,

wobei er, da er sich bewegt
weit über fünfzig Tonnen trägt.

Voll Urgewalt schon im Entstehen
sah man ihn einst auf Erden gehen

und alles, was er tat, es glückte, -
bis ihn sein Dasein jäh bedrückte.

Groß seine Not, er ging ins Wasser,
ward so ein Walfisch denn, ein nasser.

Das Fisch-sein, nun, es fällt ihm schwer,
und er bleibt schwimmend: Säugetier.

Lebt froh im Wasser, quicklebendig,
er, der bis dato bodenständig.

Wie es geschah, wer weiß das schon:
ein Fall von E-vo-lu-ti-on!

Ein Inbegriff, der Goldes wert,
weil er, was nicht zu klären, klärt!

O, es beruhigt ungemein:
das Leben, ja, so muss es sein,
es lebt und webt aus einem Stein.

Ein Stein, einst winzigst klein im Teich,
aus ihm ward Leben, sag ich euch!

Obwohl der Stein? .... mit Recht erwogen, ...
das klären uns die Geologen.

Der Biologe weiß und spürt:
Das Leben – evolutioniert.

Atheist und Christ

Es fragt der Atheist den Christ:
„Was sollte denn uns beiden
in Wahrheit unterscheiden?

Wir stimmen doch, falls dies Bedeutung
ganz überein in Art und Kleidung,

und es ist ähnlich, was uns schmeckt.
Wir sprechen gleichen Dialekt,

das Leben ist uns lieb und teuer,
nicht liebenswert uns Zins und Steuer.

Wir gehen beide unbeschwert
gern mal ins Kino, ins Konzert.

Und gleichermaßen von Bedeutung
uns Rundfunk und die Tageszeitung.

So vieles andre ist uns gleich, -
was unterscheidet uns von euch?"

Der Christ beginnt zu überlegen:
„Du hast ja recht, in Tag und Wegen

ist manches gleich, doch von Bedeutung
sind wenig Radio uns und Zeitung,

dagegen gibt uns Zuversicht
das Gotteswort, das zu uns spricht;

es lässt in tiefem Gottvertraun
auf unsres Gottes Hilfe baun.

Dies, Freund, nimmt unser Leben ein
und lässt uns frohen Weges sein.

Dazu schenkt Gottes Wort hienieden
uns einen tiefen Gottesfrieden,

schenkt Liebe uns und gute Tat,
schenkt das, was man ansonst nicht hat.

Was unterscheidet uns von euch?
Im letzten Grund das Himmelreich!

Wir leben wohl in unsrer Zeit,
doch hoffen wir der Ewigkeit."

Ewigkeit

Du schläfst, du träumst, siehst wie du stehst,
dann aber gehst du, gehst und gehst.

Du gehst, kommst aber nicht voran
und spürst: ich komme niemals an!

Dann wachst du auf, denn es ist Zeit,
in dir ein Hauch von Ewigkeit.

Gottes Ewigkeit

Du schläfst, du träumst, siehst, wie du stehst,
dann aber gehst du, gehst und gehst.

Du gehst und vor dir wird es licht
und hörst, wie einer zu dir spricht:

„Ich bin das Leben, bin die Tür,
geh nur voran und komm zu Mir!"

Da wachst du auf, denn es ist Zeit
und weißt: In Gott ist Ewigkeit!

Glockenblume

Gotte ist Liebe

Was wären wir, wenn es nicht bliebe,
dies kleine Wörtchen: Gott ist Liebe!

Sieh, Liebe ist nicht von der Welt,
ist ganz allein in Gott gestellt,

ist Liebe, die in Jesus Christ
von Gott der Welt gegeben ist.

Von Anbeginn hüllt jedes Sein
die Liebe Gottes liebend ein.

Lass deshalb doch nach Gottes Willen
das Herz in Christus dir erfüllen,

dass froh du durch das Leben gehst,
weil du in Gottes Liebe stehst.

Liebe zum Nächsten

Von Gott ins Stammbuch dir geschrieben:
du sollst auch deinen Nächsten lieben!

Und, um es wortgetreu zu fassen,
dich und den Nächsten gleichermaßen.

Du fragst zu rechtens, kann das sein?
Der Nächste grob oft, oft gemein. -

Muss nicht im Herzen tief betrüben:
solch einen E s e l soll ich lieben?

Ich rate dir als Mensch und Christ,
sieh einmal selber, wer du bist!

Wie Gott dich sieht im Konterfei
in deines Lebens Narretei.

Gott voll Geduld mit D e i n e r Schuld! -
Weil Gott dich liebt, sich liebend gibt,

darfst liebend du den Nächsten sehn
und mit ihm Gottes Wege gehn.

Schmetterling

Metamorphose

Das alte Leben im vergehen
lässt Leben strahlend neu erstehen.

Da stehe still und glaube nur:
von Gott erfüllt ist die Natur!

So auch der Mensch, sein Erdensein
tritt strahlend in ein Neues ein,

ihm ist in Christus neues Leben
aus Gottes Vaterhand gegeben.

Gott Vater wandelt uns die Zeit
in neues Sein in Ewigkeit.

Schadenfreude

Wie leicht und schnell fällt Frau und Mann
ein Hauch von Schadenfreude an.-

In punkto ist dann lieb und wert,
was deinen Nächsten bös beschwert:

„Ein Taugenichts!" „Ein Tunichtgut!"
„Der hat's verdient!" „Nun ist er tot!"

Dem, lieber Freund, ist abzuraten,
denn sieh, du wirst dir selber schaden! -

Führt Schadenfreude doch zum Leide
da sie nicht echt, da falsche Freude!

Falsch, weil sie keinen noch beglückt,
im Gegenteile, niederdrückt.

Falsch auch, weil sie verdrießlich stimmt
und dir die eigne Freude nimmt.

Beglückend aber ungemein
die Freude, sich des Nächsten freun.

Gerechtigkeit

Was hast du dir nur vorgestellt,
Gerechtigkeit in dieser Welt?

Sieh, lieber Freund, du suchst vergebens,
zu kurz die Spanne deines Lebens.

Soviel du suchst, du findest nie -
Gerechtigkeit bleibt Utopie!

Nur Gott gerecht, Sein Wort, Sein Leben
vermag Gerechtigkeit zu geben.

Gott sendet Christus in die Zeit,
uns kleidend in G e r e c h t i g k e i t .

Barmherzigkeit

So mancher spricht gern von Erbarmen
bei all den Hungernden und Armen.

Doch danach tun und Armut lindern,
gar seinen eignen Reichtum mindern?

Das, lieber Freund will ungemein
bedacht und wohl erwogen sein.

Es ist zwar leicht, zu überlegen
und dies und jenes zu erwägen. -

Leicht, öffentlich sich aufzuregen,
Image zu pflegen und zu heben.

Die Worte groß, Tun aber klein,
winzig der Tropfen, heiß der Stein.

Ein wenig an Barmherzigkeit,
bedenke, Mensch, wie Gott das freut,
bedenke deine Ewigkeit!

Veilchen

Vertrauen

Vertrauen ist, im Dunklen stehn,
ist abwärts eine Treppe gehn,

und es bedrückt dich ungemein:
die nächste Stufe, wird sie sein?

In Gott darfst du das Nächste wagen,
vertraust du Gott, wird Er dich tragen.

Wird auch die Treppe plötzlich enden -
Vertrauen steht in Gottes Händen.

Hoffen

Das Schicksal hat dich schwer getroffen?
Ich höre dich zu Rechtens klagen:

Die Not, wie soll ich sie ertragen?
Da bleibt nur eines, das ist Hoffen!

Für Hoffen ist es nie zu spät,
weil Hoffen erst zuletzt vergeht.

Wohl heißt es Hoffen, und auch Harren,
sie machen beide schnell zum Narren.

Und doch wird Kummer stets gestillt
durch Hoffen, bist du leiderfüllt.

Ob Hoffnung hält, das weißt du nicht,
da schnell sie in sich selbst zerbricht.

Dann stehst du da, die Not ist groß,
du stehst und du bist hoffnungslos.

Damit es dir nicht also geht,
so hoffe des, was feste steht!

Ist sie dir klein, ist groß die Not,
so hoffe, lieber Freund, auf Gott!

Dann wird dein Hoffen nicht zuschanden,
in Gott ist Hoffnung stets vorhanden.

Wer hoffend sich auf Gott verlässt,
zu dem steht Gott, steht felsenfest.

Die Freude der Demut

Wohl jeder fühlt in sich den Drang,
und dieser fühlt sich lebenslang,

in den geschenkten Lebenswelten
nun auch ein weniges zu gelten.

Dies äußert sich bei Groß- und Kleinen,
im äußeren so zu erscheinen,

dass jeglicher denn im Beschluss
den Menschen Ehre geben muss.

Da gilt es vieles zu beachten,
gilt es, sich kritisch zu betrachten,

gilt es, sich demgemäß zu kleiden,
das Niedere gilt es zu meiden,

kurz, allgemein gilt solchermaßen
sich dem Gewünschten anzupassen.

Das aber schränkt dir ungemein
Die Lebensfreude gänzlich ein!

Drum Demut, Freund, sei wie du bist,
und dies besonders, bist du Christ.

Sei einfach DU in deinem Leben
und lebe, wie von Gott gegeben.

Sei so, wie Gott dich liebt und führt,
auch wenn dich keiner sieht, noch hört.

Gott sieht und hört dich in der Zeit
und schenkt dir Seine Ewigkeit.

Unser täglich Brot

Brot des Lebens

Brot, es ist kernig und gesund
und darin Kraft- und Lebensgrund.

Da wesentliches es enthält,
wird es zum Besten uns gezählt.

Drum unser Bitten unserm Gott:
Herr, gib uns unser täglich Brot!

Gib Brot in unsre Erdenzeit,
gib aber auch in Ewigkeit.

Gib Jesus Christus unsrer Not,
in Ihm gib uns Dein Lebensbrot.

Lange Leine

Oft ist der Nächste uns recht schwer,
wir meinen, e r bedrückt uns sehr,

und nur zu gern woll'n wir dem wehren
und ihn des Besseren belehren.

Jedoch, wie wir es drehn und wenden,
was wir auch tun mit Herz und Händen,

trotz bestem Mühn will es nicht glücken
den Nächsten recht zurechtzurücken.

Der wehrt sich gutgemeintem Heil
und tut genau - das Gegenteil!

Ich sagte einem weisen Mann:
„Ich hab dem Nächsten gut getan,

gesagt, er soll das Böse lassen
und sich mit Besserem befassen,

d.h. ich habe ihn belehrt,
damit er sich zum Guten kehrt.

Jedoch er will und will nicht hören,
ich kann und kann ihn nicht belehren."

Der Weise lächelt, und er spricht:
„Mein Lieber Freund, so geht das nicht! -

den Nächsten kriegst du nicht zu fassen,
du musst ihm l a n g e   L e i n e lassen!

Doch lange Leine nicht allein,
Gott muss m i t an der Leine sein,

das heißt den Nächsten seinetwegen
in Gottes Vaterhände legen.

Bisher hast d u um ihn gestritten,
du solltest besser für ihn bitten,

ihn betend Gott vor Augen halten,
denn Gott, E r möchte umgestalten

zum Guten. Lass ihn Gott erfassen -
das meint, ihm l a n g e   L e i n e lassen.

Denk doch an den verlornen Sohn,
Gott ließ ihn gehn, obgleich, obschon

das Vaterherz ihn treu begleitet,
Gott auf ihn sieht und mit ihm leidet.

Bei Gott im L a s s e n H o f f e n liegt,
weil endend Gottes Liebe siegt.

Der Sohn, nach größtem Missgeschick,
er macht sich auf und kommt zurück

ins Vaterhaus. Sieh, seinetwegen
geht Gott, der Vater, ihm entgegen

und gibt in Ring und Feierkleid
ihm Liebe und Geborgenheit."

Weiß eine Mutter, brav und tüchtig,
der Sohn dagegen - drogensüchtig,

von Besserung will er nichts wissen,
der Vater hat ihn raugeschmissen.

Die Mutter betet zwanzig Jahre,
dass er d o c h Besserung erfahre.

Da will der Sohn sein Leben lassen -
und endlich kriegt ihn Gott zu fassen!

Gott lässt nicht zu das Leben nehmen,
der Sohn zerbricht, ein großes Schämen

hat ihn aus grauenvoller Nacht
zurück ins Vaterhaus gebracht.

Dem Nächsten l a n g e L e i n e geben
heißt nicht, er mag so weiterleben,

heißt, ihn in den verkehrten Wegen
in Gottes Vaterhände legen.

Und wie stets um die eigne Not?
Auch da befehle ich mich Gott,

der meiner Not in Seinem Christ
auf Golgatha begegnet ist.

Christ, der m i r in die Welt gekommen,
Christ, der m i r m e i n e Not genommen,

Sein Sieg schließt auch den Nächsten ein
und lässt m i t I h m mich ungemein
in Gottes Lieb geborgen sein.

Geduld

Geduld ist, wartend zu ertragen,
Geduld ist, sich nicht zu beklagen,
Geduld ist, selbst auch Schweres wagen.

Geduld ist, Nöte auszuhalten,
Geduld ist, hoffend Hände falten.

Geduld ist, Gottes Macht zu schaun,
Geduld ist, Gottes Arm vertraun.

Geduld hat Christus angenommen,
geduldig hoffend auf Sein Kommen,

geduldig nach dem Ziel verlangen
und einst den Siegespreis empfangen.

Perpetuum Mobile

Auf meinem Schreibtisch steht dein Bild.

Die Luft, sie ist mit Staub gefüllt,

er rieselt auf dich nieder.

Und so er auf die Scheibe fällt,

entferne ich ihn wieder.

Sonnenblumenfeld

Die Schönheit des Geschaffenen

O lieber Freund, o sieh doch nur
die hohe Schönheit der Natur!

Für jede Zeit hält Gott bereit
ein wunderbschönes Erdenkleid.

Gott, er schmückt Berge, schmückt das Tal,
schenkt Auen, Seen groß an Zahl.

Gibt Eis im Norden und auf Höhen,
lässt Karst- und Wüstenland entstehen.

Und Gott schenkt seiner Welt im Ganzen
im Überflusse Blumen, Pflanzen,

ein festlich Blühen und Gestalten
zur Ehre Gottes sich entfalten.

Dass sich das Leben herrlich mehre
schafft Gott zur Pflanzenwelt die Tiere,

im Kleinsten in der Erde Schoß,
in Wasserfluten klein und groß.

Im Rund der Erde mannigfaltig,
nach Art und Weise vielgestaltig.

Und nur der Mensch, einst gut geschaffen
meint, dass er Gott nicht mehr benötigt,

sieht seinen Ursprung bei den Affen, -
und damit ist ihm dies erledigt.

O lieber Mensch, o sieh doch bloß,
auch du kommst aus des Vaters Schoß.

Sieh lieber Mensch, o sieh doch ein,
DU solltest Haupt und Krone sein.

Gott aber bleibt in Christus treu
und schenkt dir Haupt und Krone neu.

Jürgen Unbekannt

Wir lieben Christen

Heiteres um eine Stadtgemeinde

Schillerkirche „Unserer Lieben Frau" in Jena

Ein Kirchgebäude soll man heißen
nach Namen, die den Herren preisen.

Derhalben nennt man Kirchen gern
nach Namen Gottes, unsres Herrn.

Nennt sie nach Namen eines Mannes
der heilig ist, so wie Johannes,

wie Markus, Lukas, wie St. Peter,
ja selbst wie Luther, das weiß jeder.

Auch sehr beliebt in unsrer Zeit
sind Kirchen der Dreifaltigkeit!

Der Namen viele sind zu finden
die wir mit Gott, dem Herrn, verbinden.

Nur Friedrich Schiller, dieser Gute,
e r hat mit Gott doch nichts am Hute,

selbst wenn er reimend im Gedicht
der Glocke schreibt, wer kennt es nicht:

‚Es soll das Werk den Meister loben,
der Segen aber kommt von oben!'

Wohl spricht er hier von Gottes Segen,
geheiligt ist er nicht deswegen!

Sieh, Schiller, wie es rechtens heißt,
er war ein ‚a u f g e k l ä r t e r' Geist!

Und wo nach solchem ‚f r e i e n' Geist
man eine Kirche ‚S c h i l l e r' heißt,

da wolle man es nicht verübeln,
kommt mancher dieserhalb ins Grübeln.

Es hatte, weils in Stille war
in Wenig - Jena am Altar

Herr Schiller, ferne aller Welt,
sich der Charlotte anvermählt

(sie waren mit Carl Schmid, der traut,
nur vier Personen - und die Braut!).

Die Kirche kalt, kalt Füße, Hände,
die Trauung, sie ist schnell zu Ende,

jedoch sie macht in Stadt und Land
das Kirchlein – w e n i g schnell bekannt!

Wer Schiller weiß und Schiller kann
schaut sich dies Kirchlein gern mal an. -

Und um nun Schiller auszuweisen,
soll sie gar ‚S c h i l l e r k i r c h e' heißen!

Bei solchem aber hat indessen
des K i r c h l e i n s selber man vergessen, -

was eigentlich uns sehr verwundert,
da aus dem vierzehnten Jahrhundert!

Ihr Name lautet, alt und grau
doch ‚Kirche Unser Lieben Frau',

weil die Maria dir als Christ
von alters her g e h e i l i g t ist.

Wie man sich auch zu solchem stellt,
wird gern das ‚schillernde' gewählt,

ist man, wie von uns aufgezeigt
doch mehr Maria zugeneigt?

Wir wissen wohl, es heißt da auch,
jedweder Name Schall und Rauch.

So haben wir, zu aller Frieden,
für b e i d e Namen uns entschieden.

Die Schillerkirche, alt und grau
heißt, dieserhalben angepasst,

in Gänsefüßchen eingefasst,
noch immer „U n s r e r L i e b e n F r a u".

Kirchportal

Im Gottesdienst fühl ich mich wohl

Herr Meier, würde er gefragt,
was er zum Gottesdienste sagt,

so würde er mitnichten klagen
und frohen Herzens zu dir sagen:

„Ich weiß nicht, wie ich's sagen soll,
im Gottesdienst fühl ich mich wohl!

Da ist Herr Müller, hoch verehrt,
und auch Frau Schulze, mir so wert,

dass im Begegnen, Schwätzen, Singen
wir inniglich zusammenklingen.

Die Orgel laut und mit Bravour
hebt Herz und Sinn zu Gott empor.

Des Pfarrers Wort, so liebevoll:
Im Gottesdienst fühl ich mich wohl!

Kollekte geb' ich als ein Christ,
auch weils nun mal so üblich ist.

Das Beten macht mich nicht betreten,
ich weiß, es ist durchaus von Nöten,

wie auch der Segen vom Altar
mir immer lieb und teuer war.

In alledem, da findet sich,
das Ganze ist so feierlich,

dem Herzen schwindet letzter Groll:
Im Gottesdienst fühl ich mich wohl!

O werde ich in Himmelshöhn
wohl einst im Gottesdienste stehn?

Wird mir dort mächtiges Gestalten
das Herz, die Seele Gott erhalten?

Das wäre aller Wunder voll:
Im Gottesdienst fühl ich mich wohl!"

Herrn Meier ist der Gottesdienst zu frühe

Herr Meier sagt: „Wie ich es sehe,
ist mir der Gottesdienst zu frühe!

Beginnt der Gottesdienst um zehn
fällt es mir schwer, früh aufzustehn.

Mir wäre lieber, er wär späte,
weil, frühe bin ich noch zu Bette."

Nicht Meier nur, auch andre meinen,
sie würden liebend gern erscheinen

und treu zum Gottesdienste gehn,
wär er nur später als um zehn.

Schon in der Woche ungemein
muss man doch früh zu Gange sein,

da ist es Sonntags denn von Nöten
erst mal zu schlafen, statt zu beten!

Und gehst du trotzdem, kann es sein,
du schläfst bei Pastors Predigt ein.

Mein lieber Freund, ich spüre schon
den vorwurfsvollen Unterton.

Wenn dir zu früh die Glocken läuten,
will dieses dir durchaus bedeuten:

der Pastor macht den Gang nicht möglich,
da kann dir keiner was erzählen,

e r trägt die Schuld an deinem Fehlen,
und das ist letztlich unerträglich.

Weil e r den Kirchgang dir verwehrt,
bleibt dir der Himmel zugesperrt!

Bei solchem Denken, solchem Meinen,
will mir es wiederum doch scheinen:

Gott hat, so hab' ich dich gehört,
bei dir g e r i n g e n Stellenwert!

Denn wolltest du zur Kirche gehn,
wär es auch möglich, aufzustehn.

Und dieses, muss man ehrlich sagen,
viel später als an Wochentagen.

Und leicht steht auf zu früher Zeit,
wer sich des Gottesdienstes freut.

(Natürlich wäre gut und schön,
nicht all zu spät zu Bette gehn!)

Und denke auch der Lieben Alten,
die ungern sich im Bette halten,

und auch den Kindern ist es schön
nicht all zu späte aufzustehn.

Wenn wirs nun spät beginnen ließen,
bedeutet dies auch, spät zu schließen!

Dann eilt es dir, nach Haus zu gehn,
du kannst nicht mehr zusammenstehn,

da schwinden jegliche Interessen
im starken Drang zum Mittagessen.

O möchte uns doch all in ein
der Gottesdienst noch wichtig sein!

Und lasst vor allem daran denken:
Gott ruft uns, um uns zu beschenken.

Sein Wort ist Gnade unsrer Zeit
und führt in Gottes Ewigkeit!

Im Mahle dürfen wir Gott fassen
und uns in Christus stäken lassen.

Gott, Er ist Geber guter Gaben
und es ist Gnade, I h n zu haben.

Ich sage dir, wie ich es sehe:
Wer gerne kommt, er kommt auch frühe!

Herrn Geier stören die Kirchenglocken

Am Sonntagmorgen allgemein:
die Kirchenglocken laden ein!

Mit frohem Ton, hoch und im Brummen,
mit klarem Schlagen und mit Summen

erfüllen sie in frohem Klang
die Welt mit ihrem Lobgesang.

Herr Meier, er sagt, stets von neuem
kann er des Glockenklangs sich freuen,

ihm bricht der Sonntag froh herein,
das Herz ist ihm voll Sonnenschein.

Den Rest vom Kaffee lässt er stehn,
um schnell zum Gottesdienst zu gehn.

Nur leider ist sein Nachbar Geier
ein aufgeklärter Geist, ein freier,

er hält so gar nichts noch vom Himmel,
das Läuten nennt er ein Gebimmel

und seines Lebens größten Kummer:
es störe ihn im Sonntagsschlummer!

Und deshalb müsste man verstehn,
so dürfe das nicht weitergehn.

Er regt ihn auf, er ficht ihn an,
solch religiöser Kirchenwahn!

Herr Meier denkt dabei im Stillen:
ich werde mich in Schweigen hüllen, -

ist ihm doch dieser Nachbar Geier
in seinen Reden nicht geheuer.

Er weiß, Herrn Geier, wutentbrannt,
fehlt plötzlich jeglicher Verstand,

er legt sich tätlich mit dir an
sagst du, was er nicht leiden kann.

Und dieserhalb, in nächsten Tagen,
will Meier den Herrn Pfarrer fragen.

Der Pfarrer meint denn auch gelassen,
das darf man nicht zu enge fassen.

Die Glocken läuten, klar und helle
am Orte hier und gleicher Stelle

wie schon seit siebenhundert Jahren,
darüber sei man sich im Klaren.

Sie rufen nicht allein die Frommen,
jedweder darf zur Kirche kommen,

um für sein täglich Tun und Bangen
den Segen Gottes zu empfangen.

Der Glockenklang will freundlich sagen:
Gott möchte dich durchs Leben tragen.

In allem will Gott mit dir sein,
dazu lädt dich die Glocke ein.

Zudem, dass man auch dieses sehe,
wenn einer in der Kirche Nähe

nach einer Wohnung um sich schaut,
vielleicht sich selbst ein Häuschen baut,

muss er, zu wehren dem Beschweren
vorab zum Glockenklang erklären,

dass er, und dieses steht ihm frei,
dem Glockenklang gewogen sei.

Denn andernfalls, ist zu betonen,
musst leider du woanders wohnen!

Herr Geier hatte da indessen
sein „Ja" zur Glocke wohl vergessen,

die ihm so aufs Gemüte geht. -
Sein Veto aber kommt zu spät!

Der Pfarrer meint, am Glockentönen,
kann man sich denn durchaus gewöhnen,

ja sich des Glockenklanges freun,
man darf nur nicht dagegen sein.

Und es genügt da voll und ganz
ein weniges an Toleranz!

Und eines dürfen wir wohl sagen,
vielleicht wirst du in deinen Tagen
einst selbst nach Gottes Liebe fragen.

Der Glocken Ton wird dich nicht stören,
voll Dank wirst du ihr Singen hören

und du erinnerst dich der Zeit
des Haders, und - es tut dir leid.

Herrn Meier ist die Kirche zu voll

Im Gottesdienste einst vertreten
in unsrer Kirche, brav und bieder,

nur sechs bis acht Gemeindeglieder -
ein Kommentar ist nicht von Nöten!

Dann aber ändert sich das Bild,
die Kirche, besser angefüllt -

schon zwanzig dürfen wir verbuchen,
die Sonntags Gottesdienst besuchen.

Die Stimmung hebt sich ungemein:
nicht mehr so gänzlich einsam sein!

Schnell ist, weils nun mal Freude macht,
ein kleines Schwätzchen angebracht;

mal, während noch die Glocken schallen,
und hinterher durchaus mit allen.

O, das gefällt, nun ist es schön
zum Sonntagsgottesdienst zu gehn.

Es bleibt nicht bei den zwanzig Seelen
die wir im Gottesdienste zählen,

es werden vierzig, werden mehr, -
den Kirchenvorstand freut das sehr

und auch der Pfarrer ist genötigt
zu denken: „Ich hab gut gepredigt!"

Erfreulicher noch wird das Bild,
als sich die Kirche gänzlich füllt -

da sind es achtzig, neunzig, hundert,
zu malen mehr, du bist verwundert,

weil selbst die Stühle kaum noch reichen -
auf die Emporen muss man weichen,

wobei dort oben aber dann
man leider schlechter sehen kann.

Obwohl, so tut da einer kund,
du fühlst dich mehr im Hintergrund!

Wie dem auch sei, wie's gehen soll,
Herr Meier will dies irritieren,

er meint, man kann die Lust verlieren,
fühlt eingeengt sich nicht recht wohl.

Wie wars doch früher angenehm,
so familiär, und so bequem!

Du kanntest alle noch bei Namen,
die mit dir in die Kirche kamen.

Und sang da einer etwas laut,
so war selbst dieses dir vertraut.

Stets war ein freier Stuhl zugegen,
du konntest dein Gesangbuch legen.

Und war in seltnen Augenblicken
man mal dabei, leicht einzunicken,

so blieb das durchaus unentdeckt -
und keiner hat dich aufgeweckt.

Sei dies nun alles, wie es sei,
die guten Zeiten sind vorbei!

Du musst dich neuerdings bequemen
mit anderen vorlieb zu nehmen.

Ich aber sage, lieber Freund,
hat Gott m i t d i r es gut gemeint,

darfst du dich Deines Nächsten freun,
will Gott a u c h i h m zur Hilfe sein.

Sieh auch, man hilft dir, wo man kann, -
bringt auf den Stühlen Kissen an,

schafft dem Gesangbuch deinetwegen
ein Plätzchen, um es abzulegen.

Und ist nicht schön, wenn der Gesang
in Füllte tönt und frohem Klang?

Dazu, vor dem nach Hause gehn
kannst du noch den und jenen sehn,

ein weniges mit ihm zu plauschen,
sich frohen Herzens auszutauschen.

Es geht ja nicht um schöne Stunden,
Gott sucht uns, Gott hat uns gefunden,

dass wir uns Seiner Liebe freun.
Drum, für den Nächsten dankbar sein!

Hält Güte und Barmherzigkeit
Gott doch für d i c h u n d i h n bereit.

Herrn Meier stören die Kinder im Gottesdienst

Einst hörten wir Herr Meier klagen
und deutlich uns ins Stammbuch sagen:

„Am Samstag klingt die Woche aus,
da freu ich mich aufs Gotteshaus -

nach täglichem gefordert sein
am Gottesdienste mich zu freun.

Die Glocken läuten, wenn ich gehe
und die Bekannten gehen sehe,

da mutet alles festlich an,
und hat mir immer wohlgetan.

Die Kirche werde ich betreten,
begrüßt mit freundlich – gutem Wort,

ich werde singen, werde beten
an diesem mir so lieben Ort.

Am Altar brennen warm die Kerzen,
laut stimme ich in den Gesang,

erfreue mich am Orgelklang,
des Pfarrers Predigt geht zu Herzen.

Dann gehe still ich, froh von Sinnen,
am Ende wiederum von hinnen.

Vom Pfarrer an der Kirchentür
ein liebes Wort, mir zum Geleite,

das mich noch stets von neuem freute,
ja solches, das behagte mir.

So habe ich in all den Jahren
die Liebe Gottes reich erfahren.

Wenn ich es mal so sagen soll,
ich fühlte mich so gänzlich wohl!

War die Gemeinde auch recht klein,
es war mir ein „Zuhause" sein

mit lieben Alten, so wie ich
und Kinder, nein die gab es nich'. -

Nie waren Kinder, um zu stören,
nur Raum, um Gottes Wort zu hören.

Nun aber, gegen alles Hoffen, -
die Kirche ist für alle offen!

Der Gottesdienst ist neu gestaltet,
lädt Alt und Jung zum Kommen ein,

dass sich so mancherlei entfaltet
und – aus mit dem Alleine sein!

Ein völlig ungewohntes Bild,
die Kirche, die sich füllt und füllt.

Ja, aber leider mehr und minder
nicht Große nur, es kommen Kinder!

Und diesem sollte man doch wehren,
weil Kinder dir die Andacht stören!

Du hörst sie reden, hörst sie lallen,
hörst rollend was zu Boden fallen,

sie tun sich hier und dort hervor
und rennen schnurstracks durch den Chor.

Sie setzen sich, stets flink und eilig
gar vor den Altar, der doch heilig!

Und unser alter Organist,
den Philippchen beim Orgeln störte,

der sich ob solchem hoch empörte,
schreit von der Orgel: „So ein Mist!"

So hat Herr Meier es gesehen,
und wir, wir sollten ihn verstehen. -

Will einer still zur Kirche gehn
ist Lärm und Trubel wenig schön,

und schnell ist man bei solchem Walten
dann eben auch mal ungehalten.

Zum andern aber, denke so:
mit Kindern wird das Leben froh,

im Kind beginnt uns neues Hoffen,
durch Kinder wird die Kirche „offen"

nachdem sie Jahre treu und brav
versunken war „Kirchenschlaf".

So sollten wir nicht traurig sein,
uns unsrer Kinder vielmehr freun!

Gehn doch die Kinder, sich zu einen
zum Gottesdienst für unsre Kleinen. -

Von der Gemeinde, ungestört
wird Gottes Wort so still gehört.

Und wenn ein Kind doch einmal stört,
sei solches uns doch liebenswert!

So dürfen G r o ß e sich und K l e i n
der Gottesliebe herzlich freun.

Der Pfarrer vor einem schweren Predigttext

Wer hat die Kirche nur genötigt
zu solchem Worte einer Predigt?

O, es verlangt der Text zu reden
von Schuld und Sünde, und von Nöten,

will mahnend die Gemeinde lehren,
doch mehr auf Gottes Wort zu hören.

Doch liegt da nicht auch meine Not?
Erbarme Dich, mein Herr und Gott!

O Gott, der stets Erbarmen hat,
gib meiner Predigt guten Rat.

Ich will verkünden und will sagen:
Gott selbst hat unsre Schuld getragen.

Wir dürfen, Christus uns gegeben,
als Sünder frohen Herzens leben,

an Seiner Hand durchs Leben schreiten,
mit Seiner Hilfe Böses meiden.

Die Not der Sünde ist gebannt
durch unsres Gottes Vaterhand.

Der Pfarrer vor einer angenehmen Predigt

Wie schön, wenn uns die Kirche nötigt
zu einer uns genehmen Predigt.

Der Text, so gut, so liebevoll:
bei solchem Text fühlt ich mich wohl!

Du bist geliebt, bist angenommen,
du darfst als Kind zum Vater kommen.

Gott wird in Liebe dich begrüßen
und liebend in die Arme schließen.

Da klingt es auf, du weißt es schon,
das Wort von dem verlor'nen Sohn.

Beschenkt, dem Vater ist er teuer,
mit Sohnesring und froher Feier.

O Liebe Gottes, unsrem Leben
in Jesus Christus Gott – gegeben.

O Gnade und Barmherzigkeit,
o frohes Hoffen unsrer Zeit.

Der Text, so gut, so liebevoll:
bei solchem Text fühl ich mich wohl!

Der Pfarrer vor dem Gottesdienst

Die Glocken tönen Lobgesang
in festlich - froh gestimmten Klang.

Der Pfarrer steht und ist genötigt
zu überdenken seine Predigt:

„O Herr, lass doch vor allen Dingen
mir meine Predigt gut gelingen!

Dass sie von Deinem Lobe kündet,
sich in den Herzen wiederfindet."

Er fragt sich, wer wird von den Frommen
wohl heut zum Gottesdienste kommen?

Und weiß, zwei der Gemeindeglieder,
sie fehlen, da sie krank darnieder, -

jedoch beim letzten Glockenton
kommt mancher noch, das weiß man schon.

Der Pfarrer steht, bevor er geht
und spricht in Stille sein Gebet:

„O Herr, Du siehst, was mich bewegt,
es sei in Deine Hand gelegt! -

Nimm doch des Gottesdienstes Lauf
recht tief in Deinem Herzen auf.

Sei, lieber Heiland mit uns allen
und lass Dir unser Lob gefallen."

Der Pfarrer nach dem Gottesdienst

Der Gottesdienst, er ist zu Ende,
du stehst am Ausgang, schüttelst Hände

und alles, es ist gut gelungen.
Der Chor hat meisterlich gesungen,

die Orgel stimmte ungemein
mit der Gemeinde überein.

Die Lieder waren unbestritten
für die Gemeinde zugeschnitten.

Von der Empore die Solisten,
sie spielten so, als ob sie wüssten,

dass gottesdienstlich Musizieren
im Himmel selbst noch froh zu hören.

Die Predigt sprach von Gottes Kraft,
die unserem Leben Gutes schafft,

von Liebe, und sie sprach davon:
Gott schenkt sich uns in Seinem Sohn.

Im Mahl gibt Christus uns Sein Leben,
damit wir Ihm das unsre geben.

Zum Ende füllt der Orgel Braus
den Kirchenraum in Fülle aus.

Der Gottesdienst, er ist zu Ende
und du bist froh - und schüttelst Hände.

Herr Meier vor dem Gottesdienst

Herr Meier, rechter Zeit gekommen
hat ein Gesangbuch sich genommen,

ein Kissen, denn das tut ihm wohl,
setzt sich und ist gedankenvoll.

Was wird der Pfarrer predigen,
wozu wird er uns nötigen?

Wird er am Worte Gottes bleiben,
wird er im Eifer übertreiben?

Muss Glaube doch den Frommen frommen,
bedachtsam und gemäßigt kommen!

Wird unser Pfarrer, wie wir's kennen,
uns unser sündig sein benennen?

Wird er die Liebe Gottes künden,
bei der wir uns so wohl befinden?

Der Gottesdienst, gleich fängt er an.
Ein Sätzchen noch dem Nebenmann,

die Orgel tönt in ganzer Fülle,
mit ihrem Tönen wird es stille, -

der Gottesdienst nimmt im Verlauf
uns ganz mit Herz und Sinnen auf.

Herr Meier nach dem Gottesdienst

Herr Meier, im nach Hause gehn,
denkt: O, der Gottesdienst war schön!

Gesangbuchlieder, wie bestellt,
für mich persönlich ausgewählt.

Und der Gesang in solcher Stärke
lässt spüren: hier ist Gott am Werke!

Was unser Pfarrer ausgeführt,
hat mich im Herzen tief berührt.

Noch mehr will ich in meinen Wegen
mich ganz in Gottes Hände legen,

will meinen Nächsten inniglich
nicht anders lieben, denn als mich. -

Obwohl, Frau Krause, die Banause:
„O Herr, lass lieben mich Frau Krause!"

Schon steht der Pfarrer an der Tür:
„Für Ihre Predigt, danke sehr!"

Kollekte, was die wohl bezweckt?
Nun ja, ich hab was reingesteckt.

Da steht Frau Müller, wie wohl immer,
ein mir so liebes Frauenzimmer

und hat, vor dem nach Hause eilen,
vertraulich manches mitzuteilen.

Und mir fällt denn auch ungemein,
ganz im Vertrauen, manches ein.

Wie war der Gottesdienst doch schön,
allein schon im n a c h H a u s e gehn.

Herr Meier im Gemeindechor

Herr Meier, er singt laut und gern
zur Ehre Gottes, unsres Herrn,

ihn freuen Sonntags immer wieder
des Gottesdienstes frohe Lieder

und meisterlich im Kirchenchor
klingt seine Stimme im Tenor.

Ja, unser Chor, er singt zur Freude
der großen, und auch kleinen Leute,

singt Gottes Lob zu aller Besten,
in Sonderheit an hohen Festen.

Er füllt den Raum vor dem Altar,
singt voller Freude, hell und klar.

Und wenn sie so zusammentreten,
ist nicht mal ein Klavier von Nöten,

nur Noten, da man sonst nicht kann
braucht Sangesfrau und Sangesmann.

Schließendlich naht das Fest-Gestalten.
Die Noten hat der Chor erhalten,

der Dirigent wirkt aufgeregt,
das sich beim Singen aber legt,

weil sich der Chor da in der Tat
mal wieder übertroffen hat.

Denn es erklingt in wunderschönen,
in hohen und in tiefen Tönen,

ein vieler Kehlen heller Klang
in kirchenfüllendem Gesang.

Herr Meier strahlt, das war gelungen:
mit ganzer Kraft hat er gesungen!

Der Pfarrer, er ist tief gerührt,
wie Meier selbst von ihm gehört.

Und die Gemeinde ist fortan
vom Chore gänzlich angetan.

O lieber Freund, das musst du eben
ganz einfach einmal selbst erleben!

Das gibt dir Freude, Kraft und Mut
und tut nach Leib und Seele gut.

Da zeigt es sich ganz einfach wieder,
wo froh man singt, da lass dich nieder!

Gern lädt Herr Meier deshalb ein
mit ihm im Gottesdienst zu sein.

Und keiner, sagt er, wird genötigt.
Vielleicht ist hilfreich dir die Predigt,

du aber kannst v o r a l l e n Dingen
von ganzem Herzen fröhlich singen.

Lässt Singen dir doch ungemein,
in der Gemeinde, ob im Chor,

ob Alt, ob Bass, Sopran, Tenor,
lässt in dir Gottes Freude sein.

Mir sind sie lieb, die Orgelklänge!

Gesucht nicht von der Menschen Menge,
mir sind sie lieb, die Orgelklänge!

O, wenn die Orgel braust und schallt,
in tiefster Seele widerhallt,

da ist es ganz um mich geschehn.
Die Augen zu, ich will nichts sehn,

ich will nur hörend Töne schlucken, -
und dazu braucht man nicht zu gucken!

Von neuem tönt es, pfeift und schallt,
es rauschen Wogen voll Gewalt,

es tönt in Dur, es tönt in Moll,
tönt schmerzlich, tönt der Freude voll -

dann plötzlich pianissimo.
Weich wird das Herz, wird stimmungsfroh,

der Kuckuck ruft, der Vögel Schar
singt leise, klagend, hell und klar;

dann wieder Wind- und Sturmgebraus.
Und plötzlich - ist die Orgel aus.

Das ist es, was ich haben muss,
ein gänzlicher Musikgenuss!

Gesucht nicht von der Menschen Menge,
mir sind sie lieb, die Orgelklänge!

In eigener Sache - Nun bist du alt!

Nun bist du alt, manch Zipperlein
stellt sich beharrlich bei dir ein.

Der Leib, er hat durchaus gelitten,
da voller Runzeln und voll Falten. -

Obwohl, im Ganzen gut erhalten,
nur dies und jenes rausgeschnitten
und steter Kampf mit deinen „Dritten".

Sehr wechselhaft ist dein Befinden,
die Jungen sehn dich gern - von hinten.

Die Alten, wohl gesprächsbereit,
sie frönen der Vergangenheit

und es beschäftigt, sapperlot,
nur noch die eigne Krankheitsnot.

In all dem endet dir die Zeit,
du sehnst dich neuer Leiblichkeit!

Da dürfen wir, sagt Paulus, wissen:
das Alte, es wird abgerissen,

die alte Hütte uns genommen
wenn wir zu Gott, dem Vater, kommen.

Dort aber, ewig uns bereitet
ein Neues, das uns überkleidet.

Ja, du bist alt, doch im Vergehen
wirst du in Christus neu erstehen.

Oskar Unbekannt

Schnappschüsse

„Schnappschüsse" ...

aus dem Leben „nur" einer Dorfgemeinde ?

... und „nur" vor 50 Jahren ?

Natur

Der Naturfreund

„Mein lieber Mann, wie kannst du nur
mich etwa glaubenlos benennen?
Mein Gotteshaus ist die N a t u r –
warum denn noch zur Kirche rennen?

Auch bin ich keiner von den Bösen,
vielleicht sogar ein bessrer Christ:
ich glaube an ein ‚höchstes Wesen‘,
das irgendwo vorhanden ist!

Aus Licht und Wald und Farbenspiel
wird sich mir all mein Sehnen stillen –
in meinem eignen Frohgefühl
wird Gott sich selber mir enthüllen …"

Ja, wenn das Sein stets fröhlich bliebe –
doch ist's mitnichten immer heiter –
desgleichen wechselt hell und trübe
auch der Gefühle Stufenleiter!

Und wenn ein grauer Regen fällt,
dann fällt mit ihm zugleich in nasser
und dunkler Um- und Außenwelt
dein selbsterwählter Gott ins Wasser!

Zum Himmel jauchzend, tod- betrübt –
wo bleibt das Fundament im Leben?
Wo ist ein Maßstab mir gegeben,
ob Gott mich hasst, ob Gott mich liebt?

Wir alle sind durch Schuld und Tod
bis in den tiefsten Grund zerrissen –
was wollten wir denn noch von Gott
und seines Wesens Walten wissen?

Natur weiß da kein Aus und Ein –
lässt uns nichts Sicheres ergründen –
drum komm, lass dir im Gotteshaus
des Vaters frohe Botschaft künden!

Um Gottes willen ...

Zwar zweifelt man - ob es Gott gibt?
Doch ist sein Name allbeliebt

und muss von Christen wie von Heiden
gar manches Ungemach erleiden!

Wie oft hört man - ganz ohne Not -
den Seufzer: „Ach du lieber Gott" –

was so aus Schreck und Wüten stammt:
„Du großer Gott" – und „Gott verdammt"!

Selbst „Gott sei Dank", recht oft gehört,
dahingesagt, verliert an Wert,

des Höchsten Name wird entheiligt,
das Herz ist nicht daran beteiligt.

So wird Gott, vielfach nominiert,
recht unnützlich im Mund geführt ...

O möchte Er es uns bereinen,
den heilgen Namen ernst zu meinen!

Wie einer, wenn's ums Leben geht,
vorm Retter seines Lebens steht, stehn wir vor Gott.

Ob Er des Herzens Wunsch erhört –
Ob Er Erhörung nicht gewährt

und uns, entgegen dem Geblüt,
auch da nur fester zu sich zieht -

Sein Name soll uns ganz erfüllen,
dass wir uns - nur um Gottes willen –

aus Seiner Lieb' ohn alle Maßen
zu Lob und Dank bewegen lassen!

Denn so allein wird unversehrt
des Vaters Name recht geehrt!

Aberglaube

Vom Urlaub kehrt mein Freund nach Haus:
„Nun, Hans, du siehst ja prächtig aus!"

Da springt er mir bald ins Gesicht:
„O Mensch, sei still - b e s c h r e i es nicht!"

Am besten spräch man noch dabei
mit Tischbeklopfung: Toi, toi, toi,

als wär vor unheilvoller Macht
ein Ritardando angebracht.

Die Mutter zählt am Tag der Feier
der Gäste Schar beim Mittagsmahl,

wird bleich - ihr ist nicht ganz geheuer,
zählt sie doch 13 an der Zahl!

Da muss sofort etwas geschehen
und jemand aus der Küche rein.

Das Unheil ist nicht abzusehen,
würden's bei Tische 13 sein!

Man lichtete das Dunkel gerne,
befragt die Hand, befragt die Sterne.

Ja, mancher lässt sich auch deswegen
von dunklen Tanten Karten legen.

Löst uns denn keins vom Unheilsbann?
Hufeisen? Kleeblatt? Talisman?

Wer wär hier schon ganz durchgedrungen?
Nein, keiner zwingt's - man wird bezwungen!

Freu dich, der Spuk ist schon gebannt!
Gott selbst löst der Nacht Beschwer:

Ein Kind an seiner Vaterhand
hat keine Angst und Bange mehr!

Ob Sonnenschein, ob's Wetter tobt:
Gott gibt, Gott nimmt - Gott sei gelobt.

Mehr Ehrfurcht

Wie man, scheint manchem unbestimmt,
im Gotteshause sich benimmt:

statt sich in Stille hinzusetzen,
wird Eva munter weiterschwätzen,

die eine laut - die andre leise
von Wetter, Kleidern, Tagesspeise,

von Nachbarn und banalen Dingen.
Ja, selbst bei Orgelspiel und Singen

will bei derart beredten Frommen
das Mundwerk nicht zum Stillstand kommen,

wo doch viel Möglichkeit besteht,
sei's singend, sei es im Gebet

sein reich erfülltes Innenleben
im Lobe Gottes kundzugeben.

Als einst sich trafen Chor um Chor –
holt hurtig man sein Ränzlein vor,

um in der Chorgesänge Lücken
im Gotteshause – frühzustücken!!

Von solchem wär es ja nicht weit
zu einer kleinen Süßigkeit,

die man vom Anfang bis zum Ende
der Predigt etwa lutschen könnte –

(wie wirs in des Vergnügens Wegen
am andren Ort zu machen pflegen).

Und schließlich spür ich noch den Hauch
von sowas wie - Zigarrenrauch,

den da ein Adam überdies
im Raum des Heilgen hinterließ …

Darum bedenke, Mensch, den Ort –
sei sparsam mit dem eignen Wort –

die Mütze ab - Zigarre aus –
Mehr Ehrfurcht hier im Gotteshaus!

Keine Zeit!

Der Mond nimmt zu - das will bedeuten:
man kann nunmehr zur Hochzeit schreiten.

Geht des Gestirnes Rund zurück,
hat man gewiss kein Eheglück.

Zum Pfarrer kommt das Zwiegespann
und meldet seine Trauung an.

Ob ihres Wollens Ziel und Weg
entwickelt sich ein Traugespräch.

Der Pfarrer schließt: „Es wär doch schön,
Euch oft im Gottesdienst zu sehn".

Der Bräutigam gibt kurz Bescheid:
„Herr Pastor, dazu fehlt's an Zeit!"

Hochwürden rückt ihm auf die Haut:
„O, ich bedaure Ihre Braut –

die war wohl dann recht viel allein?"
Der Bräutigam fällt lebhaft ein:

„Durchaus nicht - ich war oft bei ihr!"
„Mein lieber Mann, so sage mir,

wie kams, dass dazu Zeit verblieb?"
Die Antwort fiel ihm gar nicht schwer,

denn strahlend spricht zum Pfarrer er:
„Ich habe doch das Mädchen l i e b !"

Uns, die wir keine Zeit mehr haben,
fehlt meist nur eine Kleinigkeit.

Nicht wahr, hier liegt der Hund begraben:
Wer L i e b e hat, der hat auch Zeit! –

Der neue Pfarrer

Der neue Pfarrer

Kommt neu ein Pfarrer an den Ort,
fragt dieser hier und jener dort,

ob er, wie'n Supperndent der Stadt,
auch einen „guten Usworf" hat –

das heißt: hat unser neuer Mann
auch ein recht kräftiges Organ?

Und weiter: Hat der Mann Gemüt,
dass er nicht stolz wen übersieht;

bleibt er so im Vorübergehn
zu einem Schwätzchen bei uns stehn?

Kommt er zur Festlichkeit ins Haus?
Schlägt er des Leibes Freuden aus?

Ist er ein rechter „Christ der Tat":
Geht er zu Bier, spielt er mit Skat.

Hält er im Tanz bis morgens an?
D a n n ist er ein „beliebter Mann"!

Wobei entscheidend übrig blieb:
Macht er das G o t t e s w o r t uns l i e b ?

Nun, tät er a l l e s insgemein,
so müsst er bald ein E n g e l sein –

wo blieb dann der K o n t a k t zu dir?
Ein Pfarrer ist ein Mensch wie wir,

ein schuld'ger Mensch in Gottes Huld!
Deswegen habt mit ihm Geduld -

er will sich mit Euch Mühe geben,
aus Gottes Lieb und Lob zu leben.

Das schenkt in Freude wie im Streit
die göttliche B a r m h e r z i g k e i t !

Hochzeit

Die Hochzeit

Die Hochzeit ist ein schönes Fest,
wo selbst der Geiz was springen lässt.

Und wer es nicht so halten kann,
strengt trotzdem sich gewaltig an.

Denn peinlich wär's, wenn man erzählt:
es habe dies und das gefehlt ...

Bei Glockenklang und vieler Schauung
geht's langen Zugs zur Kirchentrauung.

Herzinniglich durchströmt es dich –
das Ganze ist so feierlich:

die Stimmung an dem heil'gen Orte,
der Freundin Sang, des Pastors Worte.

Oh, welche Hohlheit der Affekte:
in äußrem Glanze leer und eitel

drang es nicht mal bis an den Beutel –
trotz langen Zugs: drei Mark Kollekte!

Dann Mahl auf Mahl durch vier, fünf Gänge
kommt mancher Magen ins Gedränge.

Doch nicht nur das macht mich betreten.
Nachdem die Speisen aufgetragen

hör ich den Schwiegervater sagen:
„Der Paster ist da, mer missen bäten!"

Worauf's in mir ergänzend spricht:
„Wär er nicht da, dann misst mer nicht!"

Gott, aller guten Gaben Quelle –
notwend'ges Übel, letzte Stelle?

Oh, dass zu künftig bessrer Liebe
der Trauung Textwort wirksam bliebe:

„Trachtet zuerst nach Gottes Reich,
dann wird auch alles andre euch!"

Denn nur in Gottes Lob allein
kann äußres Ding ein Segen sein.

Späte Taufe

Der Trauung folgt, im weitren Laufe
der Zeit naturgemäß die Taufe,

es sei, dass wer dagegen spricht:
die Mutter will's, der Vater nicht ...

Doch wenn sich über ihrem Kind
die Eltern d a f ü r einig sind,

so dauert's oft geraume Frist,
bis man zum Taufen soweit ist.

Zehn Monate sind rasch verflogen.
Die Mutter schämt sich mehr und mehr:

die Taufe ist noch nicht vollzogen,
Klaus ist zum Tragen fast zu schwer!

Die Kirmes naht. Man bäckt und schlachtet.
Das passt doch fein für unsern Zweck!

Wie günstig, wenn man's so betrachtet·
„Wir machen's Taufen g l e i c h mit weg!"

Es lohnt sich schon, dem n a c h zudenken:
lang zögern wir auf Gottes Treu!

E r hat geschenkt und will noch schenken,
w i r machen's dann so n e b e n b e i !

Vielleicht ist das nicht recht gewesen -
ein Glück, dass es vorüber ist -,

j e t z t hat Klaus Schutz vor allein Bösen,
denn unser Kind ist nun ein Christ.

Sei sichtbar!

Oft legt sich uns die Ansicht dar:
Gemeinde, die sei - unsichtbar!

Zum Beispiel - mit den Konfirmanden
sind Eltern meist sehr rar vorhanden –

Statt es beim Kirchgang zu begleiten,
lässt man sein Kind a l l e i n e gehn –

um unterlassend zu gestehn:
Was kann m i r Gott schon noch bedeuten?

Schnell merkt die Tochter und der Sohn:
„Die Alten halten nichts davon -

ich will dem Paster auch was niesen
und gehe lieber - Spatzenschießen!"

Dann aber hört man Eltern schelten:
„Soll G o t t der Jugend nichts mehr gelten?"

und ist in Wehmut gern bereit
zum Lob der „guten, alten Zeit" …

Nicht wahr, s o hat man sich geschickt
um die Verantwortung gedrückt …

Darum tau auf, gefrorner Christ!
Behebe deinem Kind den Schaden:

geh mit ihm, wenn die Glocken laden –
es brennt drauf, dass d u s i c h t b a r bist!

Erntezeit

Erntedank

Bald feiern wir das Erntefest,
das da lebendig werden lässt,

wie Menschenmüh und Menschenfleiß
sich täglich Brot zu schaffen weiß.

Doch unterm Wort im Gotteshaus
wird froher Ernte - d a n k daraus,

denn G o t t ist in den weiten Bogen
von Saat und Ernte einbezogen:

Gesunde Kraft und täglich Brot
sind ihrem U r s p r u n g nach aus Gott!

Wes Herz sich dankend I h m verband,
dem öffnet er auch Mund und Hand,

dass er, tagtäglich reich beschenkt,
hilfreich des Nächsten Not gedenkt!

Der alte Adam ist zwar satt,
pflegt gern sein selbst (Wer hat, der hat!)

und jagt mit vieler Müh und Plag
stets neuem Schätze - sammeln nach.

Da sprach doch wer, statt einer Gabe,
dass er gerad „nichts Kleines" habe.

Der Sammler geht gleich darauf ein:
„Es kann auch mal was ‚Großes' sein!"

Auf solches windet jener sich
und reagierte - säuerlich ...

O, dass wirs uns zu Herzen nähmen –
und vor der armen Witwe schämen –

fest glaubt sie an des Vaters Treu
und ward zum Dienst des Dankes frei!

Gott selbst ist eitel Schenken, Geben,
S i c h opfernd hat er uns versühnt –

in Christ verlieh Er uns Sein Leben,
das Anderen in Liebe dient!

Fernsehgottesdienst

Dass wir im Fernsehn Predigt hören,
gibt Grund zum Dank für dich und mich.
Doch wie wir unser Ohr gewähren,
ist wirklich meist nicht feierlich!

Man braucht sich ja nicht zu genieren,
dieweil wir bei uns selber wohnen:
man kann sich beim Choral rasieren,
und Mutter mahlt die Sonntagsbohnen!

Gemütlich um die Kaffeekanne –
bis Vater sich sein Pfeifchen zündet,
das Kind noch in der Badewanne –
so hörn wir Gottes Wort verkündet!

Ganz formlos geht das weiter, heiter.
Nur etwas peinlich wird's beim Beten:
kann man beim Vaterunser weiter
des Sohnes Sonntagshosen plätten?

Für hohe Jahre, kranke Brüder
strömt Fernsehn reichen Segen aus.
Doch, abgesehn vom Sonderfalle,
bleibt uns grundsätzlich das Normale:
der frohe Lobpreis aller Glieder,
der Gottesdienst im Gotteshaus!

Kannst du den Seufzer nun verstehn:
„Ach, könnt ich noch zur Kirche gehn!"

Böse Nachrede

Du weißt, dass Menschen dazu neigen,
mit Fingern aufeinander zeigen. –

Der Hans weiß dies, die Rosel das –
und jeder hat noch immer was

in recht beweglichen Geschichten
dir von den andren zu berichten ...

Man neigt ja selber auch dazu –
spricht gerne übers liebe Du,

als Sünder unter Menschenkindern
den Nächsten viel h e r a b zumindern. . . .

Ein W e i s e r sprach in guter Liebe:
o Menschenkind, bedenk d r e i Siebe,

durch die du, was du sagen wolltest,
erst einmal gut f i l t r i e r e n solltest:

Zum ersten: ist dein Wort auch w a h r ?
„Na ja, ich bin mir nicht ganz klar –

ich hört' es so von a n d r e n sagen ...“
Nun denn, d a n n solltest du dich fragen:

Ist's g u t und zu des andren Heil?
„O nein, vielmehr das Gegenteil ...“

Ein drittes Sieb - dass du dich fragst:
ist's n ö t i g , dass du mir es sagst?

„Das grade nicht!“ - Ei wohl, so magst,
wird's durch die Drei nicht Durchgang haben,
dein Wort du u n g e s a g t begraben!

Und m e h r - wer je an Zornes Statt
Barmherzigkeit erfahren hat –

erbittet für des Bruders Schmerz
sich ein recht Liebe - volles Herz!

Lobet und preiset ihr Völker den Herrn

Kleiner Kirchenchor

Da war ein kleiner Kirchenchor,
der musizierte gern.
Sechs Fraun, ein Bass und ein Tenor
lobsangen Gott, dem Herrn.

Auch die Gemeinde hat's erfreut,
dass solch ein Chor besteht,
der eines Festes Festlichkeit
von Zeit zu Zeit erhöht.

Singt er, kannst du die Kritiker
die Ohren spitzen seh'n –
Ihr Urteil: „Heute klang's verquer",
doch auch: „Heut' sang'se schön!"

Das Leben selbst ist Berg und Tal –
rasch endet manches Glück –
so ging auch unsres Chörleins Zahl
Erkleckliches zurück.

Da gab es keinen Aufenthalt –
Eins zog hinweg vom Ort,
ein andrer wurde müd' und alt –
Dem blieb die Stimme fort.

Am Ende stellt man's Singen ein –
Gemeinde-weh-Geschrei –
Doch - mitzusingen - aber nein!
ließ sich kein Schwanz herbei …

Gelbe Narzisse – Osterglocke

Freudenzeit

„Wir wollen alle fröhlich sein!"
Als wie ein spärlich Wässerlein

klingt der G e s a n g mir an mein Ohr.
Ich lug ein Weniges hervor

und sehe Emma - schwer verdrossen:
sie hälts Gesangbuch fest verschlossen –

man sieht direkt, wie's in ihr' stritt:
„So'n neien Kram sing ich nicht mit!"

Doch stammt das Lied - ob sie's nicht wundert? –
schon aus dem fünfzehnten Jahrhundert!

Mit Jubilieren, Osterlachen
ist bei gar vielen nichts zu machen –

sie legen all ihr Schwergewicht
in „Jesus, meine Zuversicht".

Dies Lied strahlt hohe Freude aus.
Jedoch, was macht mein Christ daraus?

Längst wird die Orgel fertig sein –
da w u c h t e t er noch hinterdrein

und singet, als ob Christ, der Herr,
auf ewiglich g e s t o r b e n wär ...

Wo Christi Auferstehn geschieht,
schenkt er beschwingt des Jubels Lied –

Von Schuld erlöst, vom Tod befreit –
das ist die r e c h t e Freudenzeit!

Alter und neuer Mensch

Ein Bauer, wie vom Seelenfache,
sagt mir nicht grad Erfreuliches:
„Härr Paster! s`kann sich keiner anderscht mache,
als är nun äben einmal äß!"

Das heißt - man gleicht dem Karusselle,
das niemals über Grenzen weist
und festgebannt an seine Stelle
stets um die e i g n e Achse kreist ...

Unmöglich schier, zur Reinheit reifen –
obwohl man besten Vorsatz nimmt,
den alten A d a m zu ersäufen - -
schnell merken wir: dies Biest, das s c h w i m m t !

Auch mit der Alten W e i b e r - mühle
gibt es nur heftigen Verdruss,
weil man hier nach erreichtem Ziele
verjüngt - das A l t e leben muss!!

Vom Teufelskreis kann eins nur retten
und aus dem bösen Bann befrein:
Der da erstand aus Todesnöten
hat Vollmacht, a l l e s zu erneun!

Christus, der Herr führt Gottes Sachen –
Er heißt den Sünder: Gottes Kind –
sind wir in IHM - kann ER es machen,
dass wir ganz n e u e Menschen sind!

Immer gemütlich!

Mit Frauen B i b e l - arbeit machen
sind manchmal nicht ganz leichte Sachen.

Ich traue meinen Ohren kaum,
Mathilde gibt der Ansicht Raum:

„Wenn keine Bibelarbeit wär,
käm ich nochmal so gerne her!"

Und nur mit Schmerz kann ich's erblicken,
seh ich beim Gotteswort sie s t r i c k e n !

Sagt nun der Pfarrer was dagegen,
beginnt sich Emma aufzuregen.

Er bangt deshalb: Ein offnes Wort,
und meine Weiber bleiben fort ...

Schwer, alles andre abzuschalten
und Gott allein ganz stillhalten!

(Wie oft sind die Gedanken fort –
wir schalten ab bei Gottes Wort)

Mag Gott uns selbst die Stille lehren,
ihm ganz gesammelt zuzuhören!

Verkürzt

Es liebt der Mensch im Worteschürzen
Gebräuchlichkeiten abzukürzen:

Wo sonst der faule Mund nicht mag,
grüßt er bloß: „Morgen, Abend, Tag" –

Als Gipfel wirft man mit Gewicht
bei Tisch sich „Mahlzeit" ins Gesicht –

So dass mit Recht man „Sauerkraut"
als Antwort dem entgegenhaut –

auch „Bratwurst" - oder was konkret
gerade auf dem Tische steht . . .

Hat einer etwas Atem über,
fügt er wohl jenen Wunsch da bei,

dass seinem lieben Gegenüber
die Mahlzeit recht „gesegnet" sei –

jedoch auch hierbei bleibt versteckt:
wer ist das segnende Subjekt?

Drum sei als Frage unterbreitet,
ob uns im „Ge" von dem „gesegnet"

verkürzt der Name „Gott" begegnet –
dass also dieser Gruß bedeutet –

Ur- sprüngliches kommt so zuwege –
das „GOTT die Mahlzeit segnen möge!"

Gottlos?

Wie leichtlich werfen wir so hin:
Welch Glück, dass ich nicht g o t t l o s bin!,

gestehn dem Teufel g r o ß e Beute:
Schau, d e r und d i e - gottlose Leute!

Solch Urteil fasst gewiss zu enge
der Gotteskinder Zahl und Menge.

Wer stünd` schon an des Höchsten Statt
und weiß, wieviel Gott Kinder hat?

Ja, sollten wir die Gnad empfangen,
dass w i r ins Himmelreich gelangen,

dann wirst du, lässt ein Weiser wissen,
dich über d r e i e s wundern müssen:

Zunächst, dass man so viele sah,
da man gedacht: d i e sind n i c h t da!

Zum andren, dass gar mancher Christ,
von dem man`s meint, nicht dorten ist.

Und schließlich, dass wir, urteilsblind,
s e l b e r im Reiche Gottes sind!

So mag sich keiner überheben,
zu früh den Nächsten aufzugeben.

Ganz klein sind wir - Gott aber groß!
Er lässt gewisslich keinen los,

bleibt aller Sünder Weg und Ziel
und ruft noch immer, wen ER will!!

Das „Bedürfnis"

Oft' hörst du, dass man Seltenheit
des Kirchgangs irgendwie begründe:

„Ich komme so von Zeit zu Zeit,
wenn ein ‚Bedürfnis' ich empfinde!"

So etwa, wie besondrer Labe
des Leibs ich mal Bedürfnis habe!

Ob du vielleicht erwogen hast,
dass dies bei G o t t recht wenig passt?

Denn, sieh, solch seltenes „Bedürfnis"
bewirkt ja dauerndes Zerwürfnis

mit Gott, des t ä g l i c h ich bedarf.
Und weil man also ihn verwarf,

greift uns sein Wort gar kräftig an
und legt den Grund der Gründe dar:

Du bist ganz einfach u n d a n k b a r !
Fort mit dem alten Schlendrian!

Dankbar sein Lieben zu erwidern
sollst du dich recht von Herzen freun,

am Sonntag unter Wort und Liedern
in deines Herren Haus zu sein!

Warum eigentlich?

Oft fragt man, warum Christenlehre
für unsre Kinder nötig wäre.

Als Antwort kannst du vielfach hören:
man muss doch seine Kinder lehren:

sie sollen g u t sein, Gott vertraun,
dem Nachbarn keine Äpfel klaun,

die Wahrheit sagen und nicht lügen,
zur Kirche gehen, nicht betrügen,

nach Ehrfurcht vor den Eltern trachten –
in eins: die 10 Gebote achten.

Mag nicht die Losung Gleiches meinen:
Tu immer Recht und scheue keinen?

Moralitäten sind indes
durchaus nichts Extra-Christliches!

Gesetz muss sein - doch ohne Heil
wirkt's häufig grad das Gegenteil,

weil jener, den man also treibt,
sich heftiglich dagegen sträubt.

Zu guten Werken froh bereit
macht Menschen erst die D a n k b a r k e i t .

So gilt's denn, Gottes großes Schenken
ins Kinderherz hineinzusenken,

da unser Heiland Jesus Christ
die Liebe Gottes selber ist.

Hier liegt die Antwort aufs Warum:
Es geht ums E v a n g e l i u m !

Thüringer Kartoffelklöße

Das Hindernis

Das Hindernis ist ziemlich groß:
der Thüringer Kartoffelkloß!

Wem soll d e r denn im Wege stehn?
Dem sonntäglichen Kirchengehn!

Und will s i e auf den Kloß verzichten,
mahnt e r: „Denk ehelicher Pflichten –

die schließen ins Gemeinsamsein
dies Sonder- Sonntagsmahl mit ein!"

Gemäß fach- fraulichen Berichts
wirds wegen Kloß mit Kirche nichts,

es sei, sie sagt ihm: „Legst du schon
bei Klößen Wert auf Tradition –

acht auch die andre nicht gering:
Dass einst stets e i n s zur Kirche ging!

Und wenn i c h wegen Kloß nicht kann,
bist du, mein Otto, eben dran!"

Jedoch auch sonst - Kampf dem, das träg!
Wo'n W i l l e ist, ist auch ein Weg:

Du musst die Zeit bloß richtig wählen –
Kartoffeln Samstagabend schälen!

Du gehst zur Kirche, und indessen
lässt du den „Schab" die Presse pressen.

Die Masse bleibt schön weiß und frisch:
Dreiviertel 12 gehn wir zu Tisch!

Ob Klöß man macht, ob man verzichtet:
Wer wirklich w i l l, ist eingerichtet,

wirds Glockenrufen nicht verpassen
und Gott zu Worte kommen lassen!

Rechte Erbauung

Was man vom Gottesdienst so hält? –
Nun, ihr Vergnügen hat die W e l t

im Kino und Theater schon.
Veranlagt für die Religion

hoff i c h, dass mir für mein Gemüte
die K i r c h e viel Erbauung biete.

Ich wähle zwischen Opernhaus
und Schauspiel mir die Kirche aus

und halte es mit Pfarrer S t a r,
der predigt einfach wunderbar;

hat der mich mit dem Wort betaut,
bin ich erquickt und tief erbaut ...

Kirche - „Veranstaltung" für dich?
Hält man es so, dann irrt man sich!

Ein Christenmensch, dem Herrn geheiligt,
ist stets a k t i v am Werk beteiligt!

Wie in der Schöpfung durch den Regen,
schafft Gott durchs Wort ein stark Bewegen,

nicht nur „erbaulich" auszuruhn -
nein - selber kräftig m i t z u t u n !

Die Pflanze wird nicht bloß begossen –
ihr Tätigsein ist eingeschlossen:

Mitsingen, mit sein „Amen" sagen –
auch mal den Klingelbeutel tragen –

mit Herzen, Mund und Händen eben
des Vaters Liebe Antwort geben:

G e m e i n d e z e u g n i s an die Welt.
S o l c h Gottesdienst Gott wohlgefällt!

Seltsame Abneigung

Man hat anjetzt fast überall
im Dorf den Kirchgemeindesaal –

doch viele woll'n, voreingenommen,
in ihm nicht gern zusammenkommen

und reden sich darauf hinaus:
die Kirche bleibt mein Gotteshaus!

Gut, dass man diese also wertet.
Wer aber ist so abgehärtet,

am kalten Tag mit kalten Füßen
des Gottesdienstes zu genießen?

Und viele Alte freuen sich:
In diese Wärme komme ich!

Zum anderen sieht man die Leute
im Gotteshause als Verstreute –

im Saal dagegen sind, die kamen,
in schöner Fülle warm beisammen.

Sogar dem Pfarrer steigt der Mut:
die kleinre Fläche füllt sich gut.

Dazu ist Gott nicht raumgebunden –
ER kann sich überall bekunden,

wo wir in unsren Lebensnöten
um Hilfe vor Sein Antlitz treten.

Drum sollte man sich allgemein
auch des Gemeinderaumes freun.

Über die Bekehrung

Es lief ein Mann, sich zu bekehren -
Verschlossne Türen werden wehren,

und die Bekehrung fand nicht statt ...
Ich glaub, der Mann ist dran und drauf

und zäumt das Pferd vom Schwanze auf,
wenn er allein in dem Gestühl

der Kirche sich bekehren will!
Zu schnell ward er der Kirche satt. -

Liegt's nicht nur an der Oberfläche,
dass er mit Gott dem Vater spreche? -

Wird er vom Glockenklang getroffen:
weit stehn da alle Türen o f f e n -

dass er das W O R T des Herren höre,
in Lob und Dank sich zu ihm kehre . . .

Hier ist denn auch der Küster tätig -
und auf sein Fragen gern erbötig,

zu sagen, wo der Schlüssel hängt,
wenn's wen zu stiller Andacht drängt.

Entscheidend, dass, der sich bekehrt,
weiß, dass er unters Wort gehört –

nur das führt ihn aus dunkler Sicht
in der Erlösung helles Licht ...

Ums Geld

Beim Opfer und bei Kirchensteuern
zeigt man ein saueres Gesicht –
mit Nachdruck wird man dir beteuern:
„Ich trete aus, ich zahle nicht!"

Der Widerspruch ist schnell erhoben,
weil jeder Groschen hier beschwert.
Man meint: Wir woll'n Gott b i l l i g loben,
das heißt: Er ist uns nichts mehr wert!

Und wie das Hirn in unsern Köpfen
meist nur um eignen Vorteil kreist,
wird Gott sogar mit Hosenknöpfen
in der Kollekte abgespeist.

Gott aber l i e b t , gibt sich zu eigen
der Welt zu gut in Kreuz und Leid.
In unsern Händen sucht er Zeugen
der eigenen Barmherzigkeit.

Dass wir Sein Lieben nicht betrüben!
Einst sind wir vors Gericht gestellt.
Dann gilt: Ein Tröpflein Dank und Lieben
ist mehr wert als ein Sack voll Geld!

Ja, eigentlich!

Beim Jahreswechsel geht der Blick
in das vergangne Jahr zurück –

Bei diesem Blick bekümmert mich
das kleine Wort „Ja, eigentlich" –

spricht dieses doch uns im Gewissen
vom Guten, das wir unterließen!

Von Trägheit sollte man sich trennen:
mein Freund, der lag im Krankenhaus -

im Fernsehn lief ein Pferderennen –
J a, e i g e n t l i c h ! - Besuch fiel aus!

Fest hatte ich mirs vorgenommen –
j a, e i g e n t l i c h ! zur Kirche gehn –

doch ist es nicht dazu gekommen:
das warme Bett war gar zu schön!

Ein gutes Wort müsste ich sagen –
viel besser, man vertrüge sich –

Doch, was geschah? Mir platzt der Kragen!
Jetzt tut mirs leid – j a, e i g e n t l i c h …

Man könnte wohl noch viel erzählen,
worin wir gutes Tun verfehlen. –

Drum denk mal, dass Gott sagen würde:
Ich müsste meiner Menschen Bürde

j a, e i g e n t l i c h - ein wenig tragen –
doch würde Er das bloß so s a g e n –

o nein! Er h a t 's im Sohn g e t a n –
bricht trägem Herzen eine Bahn,

dass es, aus Gottes Lieb gewillt,
sein „Eigentliches" gern erfüllt!

Gerne hören und lernen

Da fragt mich doch ein Konfirmand:
„Ach, sagen Sie, Herr Unbekannt –

was wird mein armer Kopf bemüht
um Katechismusstück und Lied –

im Dorfe X, dem uns nicht fernen,
lässt sie der Pfarrer kaum was lernen,

warum mir mein Gehirn verstauchen? -
und kann's doch später nicht gebrauchen!

Und außerdem hat's wenig Sinn:
Es steht doch im Gesangbuch drin!"

Ich sage ihm „Mein lieber Freund,
das Lernen ist nicht bös gemeint:

Will man was ganz sein eigen nennen,
muss man's schon aus dem Kopfe können -

in Kürze wirst du's selber sehen:
bei Julchen sollst du Pate stehen -

auswendig singst nochmal so gern
das Lied des Danks: Lobe den Herrn!

Dazu auch, ohne Stotterei
bekennst den Glauben frank und frei.

Wird später - Gott mag es dir geben
was du gelernt, lebend'ges Leben

und über bloßen Brauch und Sitte
Christus auch deines Lebens Mitte –

dann wirst du dich ganz ungemein
an dem, was du gelernt hast, freun,

weil du nun, was du lieb gewannst,
frei singen und bekennen kannst!

Fanatisch?

Gott schenkt uns täglich Brot und Licht –
doch D a n k en scheint uns nicht vonnöten:
„Nein - s o fanatisch sind wir nicht,
dass täglich wir zu Tische beten!"

„Nicht, dass wir keinen Glauben hätten-
o nein - damit hat's keine Not:
Wir sind schon gläubig - und wir beten
bei Taufe, Trauung und beim Tod ..."

Doch sonsten zeigt man gegenteilig
sich Frömmigkeiten zuzumessen:
„Ich kenne Schwestern, die sind h e i l i g,
und beten gar bei j e d e m Essen!"

Der also treulich dankt und bittet,
gerät sogleich in Acht und Bann –
und spottend wird er überschüttet:
„Seht euch nur mal den ‚Heilgen' an!"

Tagtäglich steht im hellen Schein
der Gottesgüte unser Leben.
Sollt es nicht s e l b s t - verständlich sein,
dass wir I h m t ä g l i c h Antwort geben?

Der Knoten

Gern pflegt der Mensch in Wohlbehagen
eins übers andre Bein zu schlagen,

(schön Walter von der Vogelweide
verknotete die Beine beide - :

„Ich saß auf einem Steine
und deckte Bein mit Beine").

In solchem sitzt sich's recht bequem
und allen Gliedern angenehm –

warum nicht auch mal meinetwegen
selbst auf den Tisch die Beine legen:

Entspannung gibt es mancherlei –
Hauptsache - fühlst dich wohl dabei!

Bei Vorgesetzten wär indessen
d i e Art nicht so ganz angemessen –

auch möchte ein gelöstes Singen
in solchem Sitze kaum gelingen –

und schließlich: Knoten in den Beinen
vor Gottes Angesicht erscheinen? –

das geht nicht an. Warum denn nicht?
Weil es der Ehrfurcht widerspricht –

Steht man auf Gottes Ruf bereit,
ist's aus mit der Gemütlichkeit –

Sind Buße, Dank und Dienst geboten,
gibt's in den Beinen keine Knoten,

weder beim H ö r e r - offenbar –
noch h e i m l i c h - unter dem Talar!

Wir feiern Erntedank

Heidelbeeren

Blumen

Seht dieser Blumen herrliche Pracht,
wie es leuchtend in allen Farben lacht,
wie sie strahlen und duften zur festlichen Zeit,
am Feiertag Junge und Alte erfreut.
Und in Krankheit bringen Blumen doch immer
Freude in jedes Krankenzimmer.
So sind uns Blumen stets aufs neue
ein Zeichen für Gottes Liebe und Treue.

Äpfel

Mich hat ein Baum getragen den lieben Sommer lang,
nun aber, da es herbstet, fall ich mit reifem Klang.
Doch wer mich pflückt zu Zeiten, dem bin ich rund und blank
tagtäglich eine Freude, den ganzen Winter lang.
Von Gottes reicher Fülle, da will ich singen gern,
auf dass die Stimmen steigen zum Herren aller Herrn.

Birnen

Und wenn du schon die Äpfel lobst,
vergiss mir nicht das andre Obst!
Ein Hochgenuss für unsren Gaumen:
die saftigen Birnen, die blauen Pflaumen.
Und alles andre was da auch
für uns gereift an Baum und Strauch.
Es stärkt den Leib und unser Gemüte
als Zeichen göttlich großer Güte.

Gemüse

Gott lässt aus dem Garten, den wir bebaut,
Gemüse uns wachsen und mancherlei Kraut.
Was wir zu Mittag nur ungern entbehren:
Rotkohl und Weißkraut, Erbsen und Möhren,
Brokkoli, Wirsing, und grünen Salat ,
Gurken und Bohnen, Porree und Spinat.
Die beste Nahrung für Groß und Klein.
Seht, wie sie freundlich von Gott uns erfreun.

Zucchini

Seht die Zuchini, welche Pracht,
Gott hat sie mächtig groß gemacht.
Die Mutti kocht, wer weiß das nicht,
aus ihr manch leckeres Gericht.
Und eingelegt schmeckt überdies
sie köstlich sauer und auch süß.
So hat Gott alles wohlbedacht,
als er uns diese Frucht gemacht.

Tomaten

Die Sonne ließ mich reifen,
sie macht mich frisch und rot.
Tomate bin ich geheißen,
und schmecke gut zu Brot.
O seht, aus Gottes Händen,
ein Spenden ohne Enden,
ein Leben ohne Tod.

Gurken

Gab es viel Regenwetter, nach Gottes Rat und Plan,
so hat es doch den Gurken so richtig wohlgetan.
Das Ernten und das Essen, das macht uns Kindern Spaß,
bei Mutti steht im Keller manch eingemachte Glas.
Wir dürfen uns an ihnen laben,
hab Dank, o Gott, für deine Gaben.

Heidelbeeren

Des Schöpfers Segen hoch zu ehren,
bring ich ein Glas mit Heidelbeeren.
Um sie floss mancher Tropfen Schweiß:
gebückter Rücken, Müh und Fleiß.
Wenn Wald und Fluren winters kahl,
erfreun sie uns zum leckren Mahl.

Kartoffeln

Bei alledem, was wir sonst essen,
sei die Kartoffel nicht vergessen!
Die Knolle ist für jedermann
das wichtigste im Speiseplan.
Gott spendet sie für unser Leben,
hab Dank, daß Du so reich gegeben.

Pflaumen

In dieser Zeit, wohin ich schau
sind alle Pflaumenbäume blau
und duftend steht auf unserm Tisch
ein Pflaumenkuchen, saftig – frisch.
Im Winter dann ein lieber Gruß,
das dicke, süße Pflaumenmus!
O Gott, dein Segen hüllt uns ein,
denn Du bist Geber nur allein.

Erdbeeren

Und weiter ließ der liebe Gott
Erdbeeren wachsen, freundlich rot.
Da hab ich mich danach gebückt
und manche Schüssel voll gepflückt.
Die Mutti macht sie in Gläser ein,
wir wollen dankbar dafür sein.

Kräuter

Eifrig sammeln wir in der Flur
heilkräftige Kräuter der Natur.
Wir füllen sie fleißig in Büchsen und Tüten:
Huflattig und Lindenblüten,
Ringelblumen und Wohlverleih,
das gibt die beste Arzenei,
wofür Gesunde wie die Kranken
Dir, lieber Gott, von Herzen danken.

Pilze

Und nicht nur Kräuter und Beerenfrüchte,
der Wald schenkt uns auch Pilzgerichte!
Doch müssen wir fein unterscheiden
und alle giftigen Pilze meiden.
Gott tat auch hierbei stets das Rechte,
weil es mehr gute gibt als schlechte.

Kürbis

Seht her, wie groß und schwer er sei,
ich bring den Kürbis doch herbei.
Wohl unsres Gartens größte Frucht,
die weithin ihres Gleichen sucht.
So dürfen alle, Groß und Klein,
in Gottes Lieb geborgen sein.

Mohrrüben

Kein Hunger darf uns trüben, solang es Winter sei,
sieh da, die roten Rüben, sie will ich loben frei.
Es soll mir wohl gelingen,
ich will sie fröhlich bringen
zum Dankaltar herbei.

Futterrüben

Die Futterrüben prächtig stehn,
habt ihr sie je so groß gesehn?
Du sorgst dich, Herr, um unser Vieh.
Hab Dank für Deine Lieb und Müh.

Brot

Gott schenkt das Brot, es ist zum Leben
uns täglich in die Hand gegeben.
Und leiden wir im Herzen Not,
ist Christus unser Lebensbrot.
Im Abendmahl ist ER zugegen
und teilt sich aus zu reichem Segen.
So haben wir in unsrer Zeit
schon Teil an Gottes Herrlichkeit
und wollen Gott, den Herren droben
darüber danken und Ihn loben.

Wein

Gott schenkt den Wein, er ist begehrt
und allen Menschen lieb und wert.
Doch ist er nicht Geschenk allein,
Gott setzt ihn uns zum Zeichen ein,
dass uns im Herren Jesus Christ
von Gott das Heil gegeben ist.
Im Abendmahl erfahren wir:
Gott ist die Liebe für und für.
Ja, Gott hat alles wohl gemacht,
dem Herrn sei Lob und Dank gebracht.